日本居住福祉学会
居住福祉ブックレット
14

「居住福祉学」の理論的構築

柳中権
LIU, Zhong Quan
張秀萍
ZHANG, Xiu Ping
李桓＝訳
LI, Huan

東信堂

まえがき

本論に入る前に、まず、なぜ筆者が「居住福祉学」にこれほどの深い興味を抱いたかについて少し述べておきたい。

二〇〇一年九月、筆者ははるばる日本からやってきた早川和男教授（日本居住福祉学会会長）及び同行の学者たちに出会う機会に恵まれ、その研究グループを引率して、中国大連市金州区マーイー島漁村（中国語では「螞蟻島」と表記）について、研究調査を共同で行った（写真1）。この出会いが機縁となり、翌年九月、中国房地産・住宅研究会（中国建設省の研究機関）、日本居住福祉学会、韓国住居環境学会が共同主催の「第三回日中韓居住問題国際研究会議」を大連会場で開催するために尽力し、実現させた。

早川教授と出会うまでは、筆者は「居住福祉」という概念について触れることがなく、当然な

写真１　2001 年九月マーイー島にて
（左から 3 番は柳中権教授、5 番は早川和男教授）

がら深く考えたこともなかった。一社会学者として、毎年約二カ月間、中国の都市や農村の生活やコミュニティなどについて調査し、近年、中国で関心が高まりつつある「高齢化」の問題などについても研究してきた。後で気付いたが、筆者の研究や関心は、早川教授のそれらと意外に共通の領域が多かった。拙作の「大連における高齢者の生活状況及び生活の質に関する研究」や「現代中国の家族社会にみる倫理道徳の変遷に関する研究」などの論文は中国で、学界や地方政府から注目を浴びた。早川教授や日本からの学者たちとの研究交流を通して、筆者は「居住福祉」の考え方に非常に共感し、以来、「居住福祉」の意味や「居住福祉学」について思索するようになり、学問の体系として構築する必要を感じてきた。

およそ学問や学科の発生は、現実を深く認知し、また、社会の発展において生じた種々の問題を解決するためにあると考える。二一世紀において、「地球環境の持続可能な発展」や「高齢化社会」や「子供の健康と教育」などは重要課題となっており、世界的に注目されている。これらの課題について、早川教授も高い関心をもって研究され、「居住福祉」の理念を提唱し、その学問の確立を目指してきた。筆者もこれはまさしく時代の課題に応えようとするものではないかと認識した。

「居住福祉」の理念は大変重要である。人間やその生活はどのように「居住福祉」によって支えられてきたか。理論的にみて、それらはどのような関係にあるのか。この理念でもって、未来の人類社会をどのように構築しうるか。これらの問いに答えるために、「居住福祉学」という学問の体系が必要となる。その学問の体系とは、個別的な事例によって「居住福祉」の特殊の側面について説明するのではなく、「系統的な」理論に支えられたものでなければならない。

二一世紀は経済のグローバル化と情報化が進む一方、人口の増加、生態環境の悪化、地域格差や貧富格差の拡大、地域紛争による「難民」の大量発生、自然災害や人為的災害によって引き起こされた「居住貧困」や「居住災難」などの問題が顕著となり、「居住福祉」が脅かされ、見失われる状況にある。これまで、日・中・韓の学者たちとの研究交流からみると、諸国の学者が様々な学問領域から出発して、公共政策、土地制度、社会保障、法律規範などについて研究し、複合した領域から「居住福祉」の課題を積極的に取り組み、素晴らしい見解を多く発表してきた。これは時代の課題を積極的に取り組んだものであり、このような展開は、早川教授がその広い知見と深い洞察力をもとに、「居住福祉」の概念をいち早く提唱したことによるところが少なくない。これらの成果は「居住貧困」と「居住災難」という世紀の課題を解決しようとするもので、二一世紀に貢献しうるものであると筆者は確信している。

早川教授はその『居住福祉』、『住宅貧乏物語』、『欧米住宅物語』（改訂版『人間は住むためにいかに闘ってきたか』）などの著作において、「住まいあっての暮らしと人生」、「居住福祉社会……を新しい時代の文化として……」などの考え方を明らかにしてきた。その哲学について、筆者もまったく同感である。中国の歴史においても、「居を安らかに、仕事を楽しく、食を美味しく、服を美しくする」（安其居而楽其業、甘其食而美其服）（『漢書・貨殖傳』）とされている。つまり、人間は、身を寄せて安らかにできる住居があってこそ、仕事が楽しくでき、他のこともできるということである。『後漢書・仲長統傳』にも「居が安らかで仕事が楽しい。子育てに専念でき、天下が平和である」（安居楽業、長養子孫、天下晏然）とある。これも庶民が安心して暮らせ、楽しく仕事に従事でき、子育てに専念できれば、国は平和になり、世界は平和になるということである。したがって、「居住福祉」は古今問わず、一種の「文明生活」として求められてきており、今後も求めるべきものだと考える。

早川教授がリードする学会や研究グループによる数々の調査活動や実証的研究、例えば「居住福祉」の観点から離島や高齢者施設や被災地などについての研究は実際に、「居住福祉学」の理論的枠組みを程よく描き出してきた。また、筆者は日本福祉大学の野口定久教授との研究交流で、その大学の教育実践には「居住福祉学」の専門知識を普及させるための良好な基礎があることにも気付いた。したがって、「居住福祉学」を新しい学問分野として理論的に構築していくことは、時期も熟し、条件も整ってきていると考える。

「居住福祉学」を展開する場合は、主要概念、つまり「居住福祉」を学問の論理的な起点としながら、研究領域の限定、理論体系の構築、方法論の確立などの作業を遂行しなければならない。また、健康、幸福、安全、平和、人権、文明などの普遍的な課題を内包しなければならないと考える。

二〇〇七年二月

柳　中権

目次／「居住福祉学」の理論的構築

「居住福祉学」の理論的構築

一、歴史にみる住居の福祉的な役割、世界にみる「居住福祉」への志向

1　中国の原初の住居にみる「居住」と「福祉」の不可分性

原始時代は生産力が極めて低く、生存条件が厳しかったため、物質面と精神面、また、個人と社会との間は非常に緊密な関係があった。これは居住空間の複合機能を考察するのに有利である。

原始住居は一般に空間を機能的に分けることがなく、多様な機能が一つの空間に融合していることが特徴であった。空間構成からみると、「住居」とは、屋根の下の部分に限らず、周りの外

写真１　中国山西省襄汾県陶寺城の跡
（写真提供：柳中権）

部空間、例えば庭、屋外広場、歩道、家屋と家屋との間なども含まれていた。「住む」ことと関連する他の行為を屋外にも延長したため、内外の空間は一体的に「住居」の領域を形成した。空間に対する使用のあり方からみると、原始的な住居の室内は混沌と一体化しているものが多かった。屋根の下で各種の生活内容が同一の空間の中で行われていた。原始的な居住行為には、実質的な分業がなく、生活と労働と宗教との間は分けられることがなかった。聖と俗との間の境界線がなく、宗教と生活が密接であった。人は家畜とも同じ屋根の下で暮らしていた。原始の住居にプライベートが弱いことは、当時の生活の状態に相応するものであった。文明時代の人間にとってのプライベートな行為、例えば性行為、排便などは、原始時代の人間にとって忌むべきものではなかった。生殖はむしろ神秘的な色彩が強かった。これは世界各地の原始社会にみられる生殖崇拝の風習からも窺える。

「住む」機能はもとより、生産活動を含め、育児、共同生活、祭祀などの多様な機能を混沌たる総合とし、原初の住宅には、福祉的な役割が多く含まれていた。また、原始的な住居は、個人ではなく、集団に属し、空間の利用も固定されず、柔軟性があった。住居は元来「公共性」が強く、「公共財」という性格を有していたことも、その福祉的な側面を物語る。「居住」と「福祉」は同源であった。

歴史の発展、社会の発達、技術の進歩により、様々な機能の建築が発達し、やがて都市が誕生していく。**写真1**は、中国での考古学が近年発掘した山西省襄汾県陶寺城の跡である。専門家の推測によると、約四七〇〇年前に尭によって造られた「都邑」で、この都には、街区、住居、宮殿、祭祀空間、墓地、天文台、井戸、倉庫などが含まれるという。様々な機能をもつ空間が発達したが、それらは都市において高度に融合され、「福祉」は「居住」を支えていたといえる。

2　中国古代の住居にみる複合的居住機能と福祉機能

(1)　生産機能

中国古代の家長制の大家族は社会的経済的な基本単位として、物的資料に関わる生産、分配と消費という経済機能をもっていた。家族単位での生産は一般に自給自足であった。広く存在していた農民社会の中で、「男子は農耕に尽力し、婦女は養蚕と紡績に専念する（丈夫尽於耕農、婦女力於織桑）」（『韓非子・難二』）といわれたように、家族社会の中では、農業が手工業と結合し、男女が別々の仕事を分担していた。子供は時に生産活動に手伝った。手工業が行われる場所は一般に住居の中であった。したがって、過去の住居は「生産機能」をもっていた。中国人の住居における生産機能は長い歴史においてもちつづけられ、近代資本主義の誕生を機に、徐々に住居から分離した。いわゆる「第二の生活」としての「生産」が住居から分離してから、徐々に社会化した工業と生産空間が発達したのである。

(2)　家庭教育、人を社会化するための機能

封建的家父長制の家族は、生命の再生産という役割を果たすほかに、子供を教育し、社会人へ

育成していくという教育機能をもっていた。

中国の家族社会における教育は、内容が広く、方法も多種多様であった。胎教も重視されており、幼児から成人になるまでの継続教育があった。男女を区別して、別々の教育内容が取り組まれた。言葉を通した教育と大人が自らの行いを通した教育の両方が重視され、知識教育と道徳教育の両方が大切にされた。また、生活能力のための教育と職業技能のための教育が平行して行われていた。

住居の空間構成をみると、教育機能が居住空間の隅々までもたされていたことがわかる。農民家族の家長は農耕の技術と経験を子供たちに伝え、生活力を向上させていた。儒学と「科挙」を経験した官僚の家族は、「経学」を子供に伝授し、代々官僚の座を守るように努めた。商工業の家族は、父が築いた手工業の技能や商売のノウハウを子供に教え、事業を受け継がせた。伝統的な大家族の住居には、「書堂」、「書屋」、「書房」のような勉強するための空間が多くみられた。例えば紹興にある有名な「三味書屋」はその代表例の一つである。

（3）救済、互助などの福祉機能

大家族が集住する村落には血縁と地縁で強く結ばれる社会が形成され、年に何回もの救済や互助の活動が行われていた。それらによって、一族の人間関係はさらに、経済面と感情面の両面から強く結ばれることになる。例えば『四民月令』に下記のような記載がある。

「三月、陽春に従って、恩恵を施し、貧乏の人たちを救済する。一族のすべての人に行き渡るように、血縁の近い親戚から順序に施す。九月、一族の中の孤児、未亡人、年寄り、あるいは病気で生活が自立できない人たちを対象に、手厚く施し、生活を救済する。一〇月、時令の行事に従い、記念品を贈る。また、一族の中で、生活が貧しく、葬式が挙げられなかった者のために、合同の葬式を催す。これでもって、生活の貧しさによる差別をなくす。公正と平等を図るために、まずは自分を簡素にして、人心を収める（三月、乃順陽布徳、振贍窮乏、務施九族、自親者始。九月、存問九族孤、寡、老、病不能自存者、分厚徹重、以救其寒。十月、乃順時令、敕表紀。同宗有負窶久喪不堪葬者、乃糾合宗人共興挙之。以親疎貧寒為差、正心平斂、無相逾越、先自褐、以率不随）」。

これでわかるように、大家族社会における救済活動は、家長がリードして、血縁関係の遠近や貧乏の程度に応じて行われていた。そこでは、物資を貯蔵するための倉庫や救済活動を行うための集会場などは同時に、「居住空間」を構成するものであった。

村落社会はさながら次に記述されたような人間関係にあった。「互いに友好に付き合い、助け合う。病気の人に手を貸す。そのため、人と人との間は仲良い（出入相友、守望相助、疾病相扶持、則百姓親睦）」（『孟子・滕文公章句上』）。また、「誰かが困難に立ち向かうと、皆が助け合う。場所があれば、皆に貸す。互いに招き合い、食べ物を分かち合う。若者の婚姻のことについてアイディアを出し合う。漁や狩猟の収獲を皆で分け合う（患難相救、有天相貸、飲食相召、嫁聚相謀、漁猟分得）」（『韓詩外伝第一三章』）。

（4）祭祀、宗教、憩い、娯楽などを支える機能

中国の歴史において、精神生活の一環として、祭祀は非常に重要であった。例えば「鬼神」を祭ったり、「灶神」を祭ったり、「財神」を祭ったり、職業の神を祭ったりする。祭祀は種類が多く、盛んであった。最も主要な祭祀活動は先祖を祭ることであった。先祖を祭るときは、僧侶や道士を呼び込み、読経や道場づくりをしてもらっていた。中国人の信仰は先祖崇拝を中心とし、多元的であった。公においておおむね先祖崇拝を主としながら、個人レベルにおいては仏教や道教など、様々な信仰があった。仏教、道教、先祖崇拝という三つの信仰を融合した文化が、居住行為

と住居の形態に影響を与えていた。

宗教活動のほかに、忙しい仕事からの疲労を回復させるための日常的な休憩、そこで、心身をリフレッシュさせるための談笑や遊戯や娯楽、さらに音楽や囲碁・将棋や書画などは、すべて家の中で行われていた。住居において休憩するための場所はある程度決まっているものの（例えば寝室、書斎など）、娯楽のための場所は住宅の敷地内にある「院」（生活庭）、「庁」（居間）、「堂」（居間）、「亭」（庭園などの休憩所とする小屋）、「園林」（造園化された庭）などが使われ、住居の周りの路地や近くの広場も利用されていた。伝統的な行事である「廟会」、「踊街」なども娯楽性があった。

（5） 安心、安全と帰属の意識を強化する機能

封建的家長制の家族社会は家族構成員に対して、安全を守って安心させ、帰属意識をもたせるという重要な役割があった。東漢時代の大荘園から後世の「堡」、「塢」、「寨」などまで、みな防衛機能をもつ住居であった。明清時代の客家の土楼もその代表例である。これらの住居は、宗族社会の時代にも、家族社会の時代にもみられ、分布的には全国範囲であった。

帰属意識は、人間は「社会的存在」であり、社会性を求めることに関係すると考えられる。人間は集団社会の一員であることを望み、他人との交流を通して信頼と友情を求める。氏族社会の

時代における帰属意識は、「氏族」という社会的共同体に対する強い依頼性に見出され、宗族社会の時代における帰属意識は、「宗族」という社会的共同体に対する強い従属性に見出され、家族社会における帰属意識は、「家族」に対する心寄せと依拠に見出される。帰属意識はまた、先ほど触れた「安全」面と緊密な関係がある。というのは、個人の安全の獲得は家族の力を通してはじめて得られるからである。

家族は生活と生産の統一体であり、個人の生活と活動の主要な場であった。人々はそこで生まれ、成長し、年をとっていく。したがって、家族社会において、住居は人生にとって極めて重要な意味をもつ。人間は一生の大部分の時間を住居の中で過ごし、一生のうち、住居を一度も離れたことがないという人もいた。

家族社会において、互いの依頼関係は普遍的に存在する。家族構成員は家長に従属し依存する。家族構成員は家族から完全に分離し、独立することがなく、個人の身分や地位は家族の社会における地位によって左右される。個人の生活、生産活動ないし人生そのものは、家族からの助けと支えを必要とし、個人にとって、家族があってはじめて頼りができる。家族から離れると、心が落ち込む、ということになる。このような心理状態は帰属意識そのものであり、そこから「家族」に対する必要性が生まれるのである。

家族の生活を支える住居は、帰属意識を支える物的存在でもあり、安心感を与える象徴的なものでもある。したがって、人々は可能な限り、家を建てたり拡張させたりする。それを通して心身を安定させ、帰属意識を確認する。このような観念、現象、行為は今日に至っても変わりがなく、例えば今日中国における「住宅建設は社会の安定と発展のための重要保障」という観点は、おおむねこうした象徴的な次元にも絡んでいるのではないかと考える。

3 近代以来の人間居住の研究にみる「居住福祉」への志向

一八九八年、エベネザー・ハワード（Ebnezer Howard, 1850-1928）が田園都市の理論を説き（図1、2）、都市生活の有利な部分と農村の美しさや福祉力とを一体化させ、都市と田園の両者の利点を兼ね備える「田園都市」（garden city）を提案した。それは都市において居住するための適性の増進を図ったものであるといえる。

パトリック・ゲデス（Patrick Geddes, 1854-1932）とルイス・マンフォード（Lewis Munford, 1895-1990）は、都市の周囲の自然区域を重視し、人間にとって住みやすいように居住地の自然環境の改善を主張した。

三つの磁石

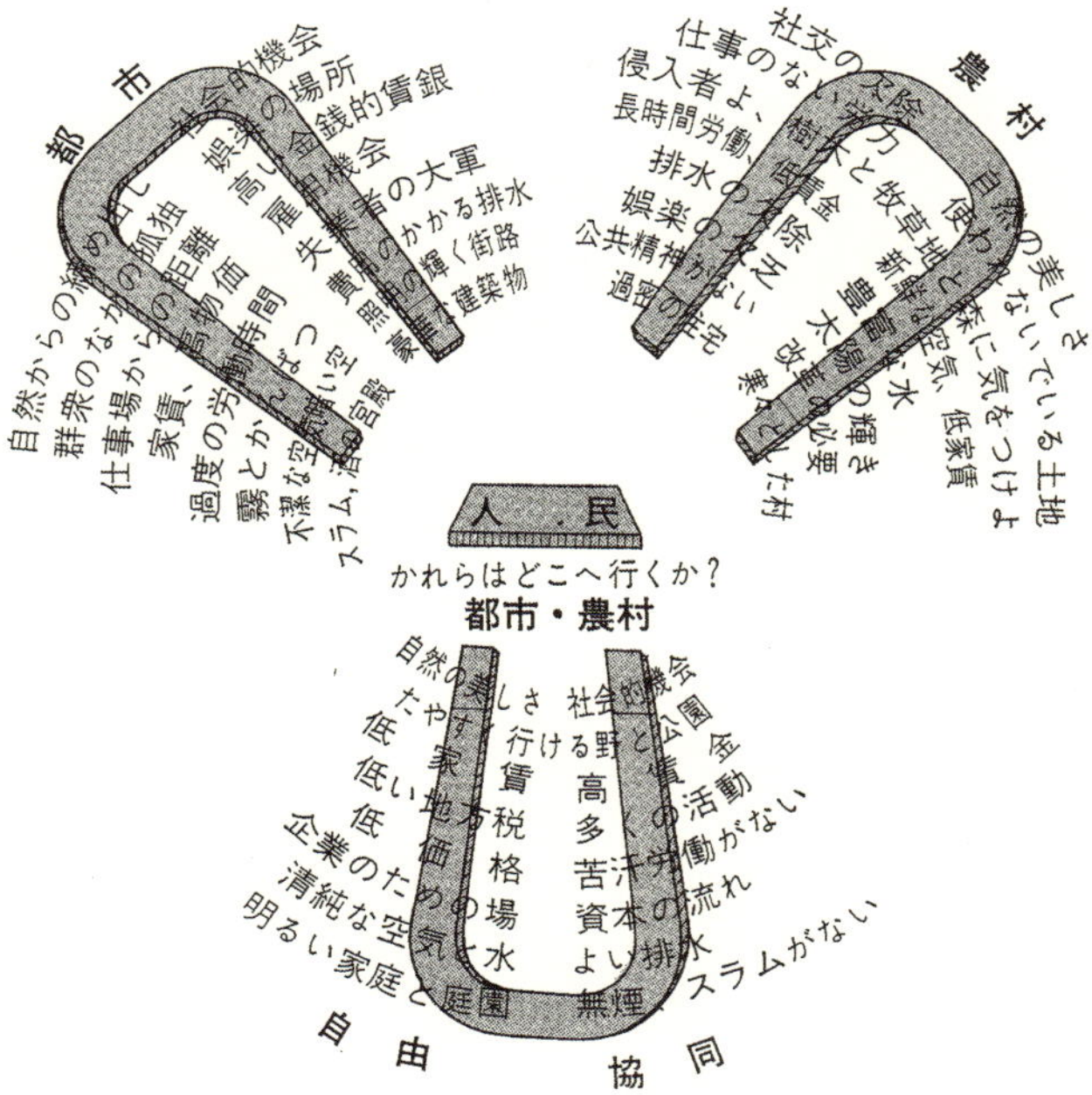

図１　ハワードの三つの磁石の理論

（参考資料：ハワード著、長素連訳『明日の田園都市』ＳＤ選書 28、鹿島研究所出版会）

アメリカの都市歴史学者であるルイス・マンフォードは大著『歴史の都市・明日の都市』(*The City in History*)の中で、居住の発達と文明や社会の進歩との密接な関係を指摘し、都市を人類への愛の器官とみなし、優れた都市の経済モデルは人間を労わり、陶冶するものでなければならないことを説いた。

　レイモンド・アンウィン（Raymond Unwin）は一九二二年に、都市の周辺における「衛星都市」（satellite city）の建設

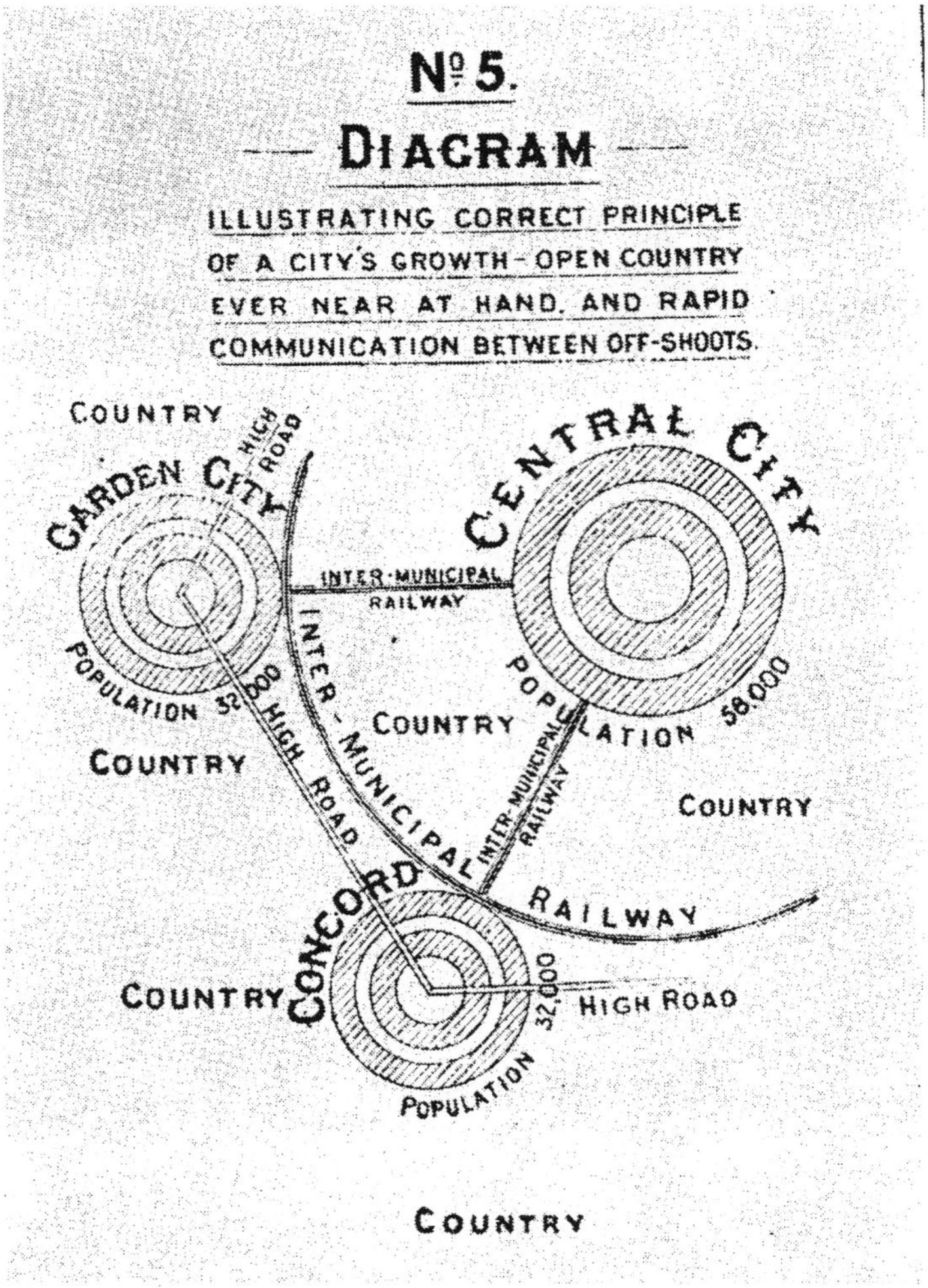

図２　ハワードの田園都市ダイアグラム
（参考資料：同図１）

を提案した（図３）。それによって、都市の過剰な人口を分散させる。大都市と衛星都市との間に農業地帯あるいは緑地を配し、それによって大都市の膨張を抑制するという考えがあった。

クラレンス・アーサー・ペリー（Clarence Arthur Perry）は一九二九年に、「近隣住区単位」（neighborhood unit）の概念を明らかにし、一定の人口規模と用地面積を有

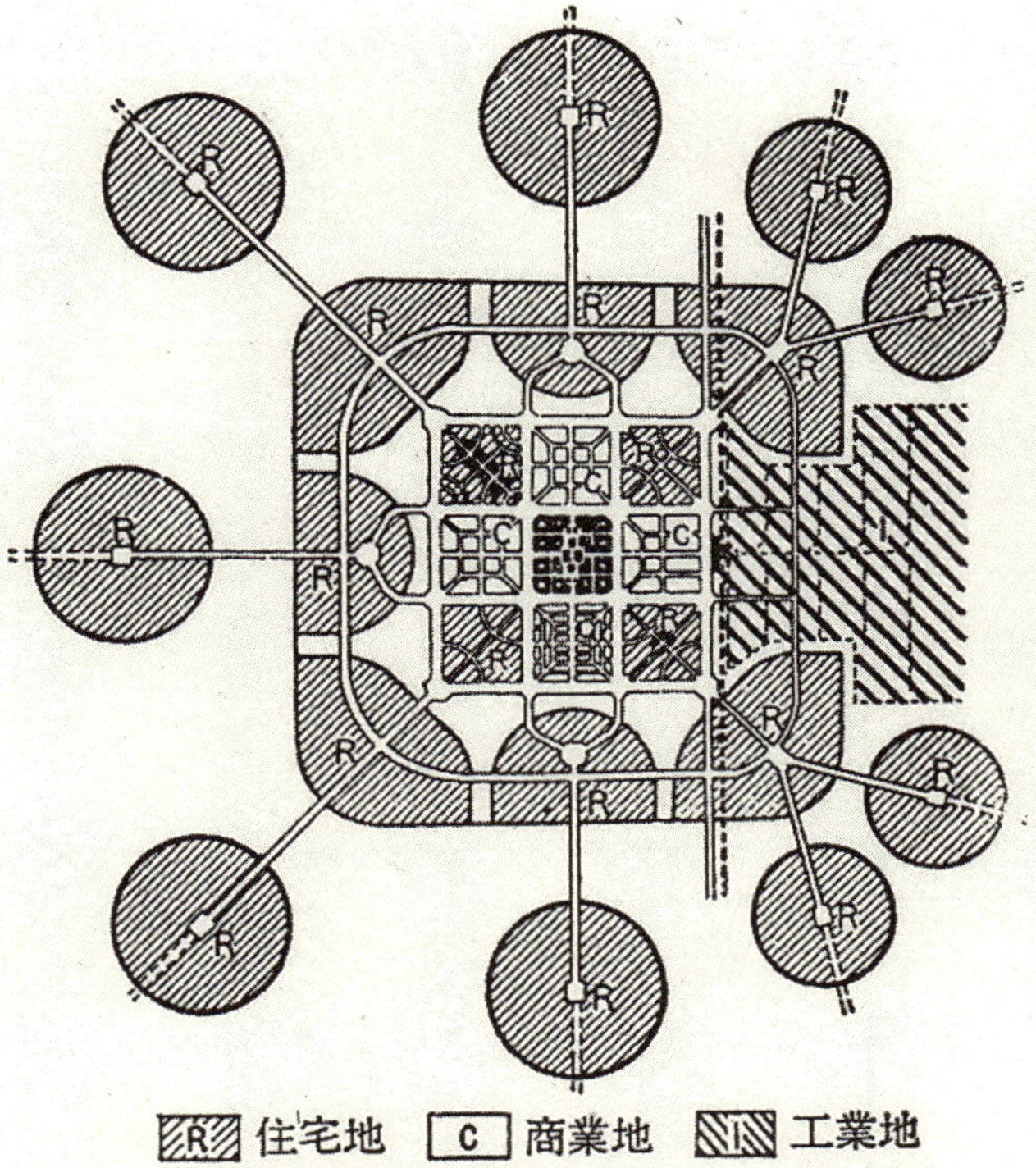

図３　アンウインの理想都市
（参考資料：日笠端『都市計画』共立出版株式会社）

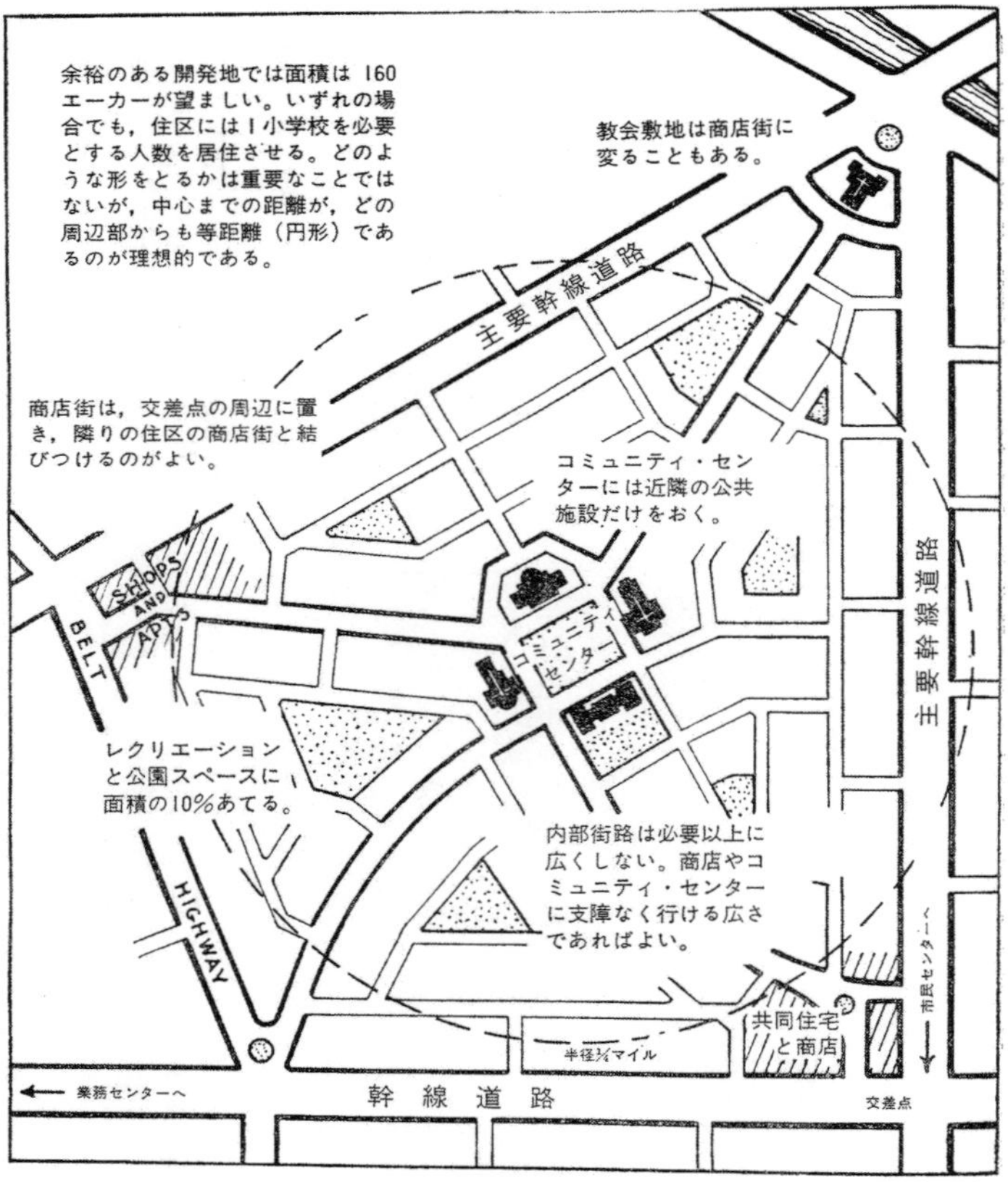

図４　ペリーの近隣住区
（参考資料：クラレンス・A・ペリー著、倉田和四生訳『近隣住区論』鹿島出版会）

し、快適で、便利で、静かな住宅地を提案した（図４）。

一九三三年、ＣＩＡＭの第四回会議で制定された「アテネ憲章」は「居住」を都市の第一機能とし、居住と「勤労」、居住と「余暇」との間の区分と連携を図ることによって、工場と居住区との混在や、生活施設の不備や、環境衛生の悪化などの問題点を改善しようとした。それは、居住環境としての適宜性、都市生活における基本的な生理的・心理的需要を満たそうとしたものである。しかし、アテネ憲章の思想と方法は、物的空間決定論の考えに偏ったもので、都市における人間同士の相互作用や交流に対する研究は不足していた。

西洋都市の再開発において、生活面や環境面、あるいは人間性における欠如が次第に顕著となった。一九七八年、国際建築家連合（ＵＩＡ）は「マチュピチュ憲章」を発表した。そこで、都市は物質環境と社会環境の相互作用の結果であり、都市計画は専門家、住民、行政の間の協力によることの重要性が指摘され、市民の満足度は都市環境の優劣を測るための重要な尺度であることが強調された。また、一九八一年の「ワルシャワ宣言」は、「建築―人―環境」を一つの概念として確立し、都市における物的環境の建設を社会と統合することの重要性を強調した。そこで、都市建設の目標は市民の各々の需要（生理的、知能的、精神的、社会的、経済的などを含む）を満たすためであり、市民に全体的で、多機能で、有機的かつ連続しており、自然と調和した環境を提供すべきことが示された。

一九八六年、インドのRashimi Mayurが「緑の都市」の思想を提起した。それは広い自然が含まれ、人間が他の生物と共存できる都市空間を意味したものである。生物資源と文化資源の凝縮体として、緑の都市は人間の健康を維持し、快適な居住地を提供するものである。また、緑の都市は住民に文化的な公共空間を提供し、未来のために新しい生存の環境を提供するものでもある、という。

近代以来の人間居住を巡る種々の努力も結局、一種の「居住福祉」への志向にほかならないと考える。

二、「居住福祉学」を展開するための理論

1 「居住」には基本的に三大属性がある

「居住福祉」を考察する場合、住居はその原点にあり、最も重要な手がかりとなる。中国で初版された『辞海』(舒新城主編、一九四七年)によると、「居」は生活、起居の「場」である。住居は人間が生存し発展するための最も重要な基盤である、と述べられている。現代のわれわれの生活をみてもわかるように、「住居」は単に風雨を遮り、生息・繁殖するための場所だけではなく、学習、娯楽、交流などをするための重要な基地となっている。場合によって、仕事、研究、生産活動を補助するための場所になっているのである。インターネットの地球規模での普及によ

り、人々は住居から離れずに、時間的、空間的な制約を受けず、生活、仕事、交流、学習、娯楽などができ、住宅の中での可能性がさらに広がる。

「アテネ憲章」は人間の生活を主に三部分に、すなわち「生活」、「働き」、「余暇」に分けた。このような「三分法」の考え方について、日本の著名な住居学者である西山夘三氏が、生活の表象についての分類であり、生活は静的にしか捉えられておらず、生活の目的は不明確である、と指摘したことがある。一方、もう一人の住居学者の吉阪隆正氏は『住居の発見』において、「三分法」の理論を充実させた。吉阪は、生殖、排泄、休養、採食などを含めた生理的な生活を「第一生活」とし、「第一生活」を補助するための生活、例えば家事、生産、交換、消費などを「第二生活」とし、表現、創造、遊戯、瞑想などの芸術的、娯楽的、思惟的な生活を「第三生活」とした。この三つの類型の生活を支える空間は、住居及びその周りとなる。

吉阪の生活分類に沿って考えると、第一生活は人間の生理的基本的な生活内容として、生存するための物的な側面に属するもので、その重要性は過去も現在も変わりはない。第三生活は精神生活として、意識的に、心理的に第一生活と相互に働き、人間生活の発展と向上を促すものである。第二生活は第一と第三の生活を支える物質的、社会的な基礎である。第一と第三の生活に対する物質的経済的な支えとして、第二生活の一部は歴史の発展とともに徐々に社会化し、今日の社会生活の重要構成要素となっている。原始社会から現代まで、住居空間は簡単から複雑へという変化の過程を歩んできた。それはいうまでもなく、家庭と社会の中において、生活内容が豊かになり、生活の質が向上したことを意味する。

上記の内容を踏まえて考えると、「居住福祉」を考える場合は、建築学、工芸学、都市計画などに限らず、経済学、法律学、社会学、文学などの領域からのアプローチも重要となる。居住の属性から出発して、少なくとも「自然」、「経済」、「社会」の三つの側面からのアプローチが必要であると考える。

（1）居住の自然的物質的属性

人間の起居・生活の場所としての住居は、実在で有形のものである。例えば家屋の基礎や壁や屋根、内部と外部の装飾、光熱設備、貯蔵空間などはそれである。現代的な居住環境としては、さらに現代の技術と生産力に相応しい設備が備えられている。例えば上下水、電熱、ネットワークシステム、交通システム、通信システムなどが、さらに、ショッピング、スポーツ、文化教育、娯楽、医療ができる多様なサービス施設が必要となる。

(2) 居住の経済的属性

居住の原始的な形態は洞窟であった。氏族社会になると、住宅は共同で建て、年上から年下へと秩序よく分配された。住居は公共福祉の性格をもっていた。人類社会における商品経済の出現により、住居に経済的な属性が徐々にもたされたと考えられる。近現代になると、国や地域によって市場経済が発達し、住居の生産、分配、交換、消費などは完全に市場原理によって自律的に調整されることも生じた。

イギリスの例をみると、一九一九年以前、政府は住宅を単純な生活消費とみなし、住宅問題の解決を住民の自分の力に任せ、住宅市場に関与しなかった。住宅の値段が高かったため、多くの市民は住宅を手に入れられなかった。都市部では人口の九〇％は賃貸住宅に住み、家主は高い家賃で暴利を得ていた。一九一九年から、イギリス政府はこの状況を改善するために、商品として特殊性がある住宅に対していくつかの政策をとった。一、賃貸住宅の家賃は地方政府あるいは議会が決め、家主は勝手に決めてはならない。二、中古住宅の任意の売買はできない。売る場合は、政府に、もしくは借りている住民にしか売ってはならない。政府に売ったものは公営住宅になる。三、政府が投資して公営住宅を新しく建設し、合理的な価額で住民に貸与する。しかし、イギリスのこの政策は実質上、住宅を完全に「福祉施設化」してしまい、行き過ぎた点も感じられる。

中国は近年、「経済適用房」（廉価な分譲住宅）と「廉租房」（低家賃の賃貸住宅）の供給政策を進めている。これは、中・低収入の家族に対して、保障的な性格を有する「商品住宅」を提供するものである。一九九八年から二〇〇三年まで、約四・七七億平方メートルの「経済適用房」を供給し、六〇〇万戸の中・低収入家族の居住問題を解決してきた。中国での試みは、「経済」と「福祉」の両立を図るものであるといえる。

(3) 居住の社会的属性

人間の衣、食、住、行い、遊び、楽しみなどはすべて社会性をもっている。近現代以来、大都市の出現は、人、物、資金、文化、情報などを都市に集約させ、徐々に居住問題を大きな社会問題として浮上させてきた。二〇世紀七〇年代から、世界中の学者は、社会学、社会心理学の視点からも住宅問題に注目するようになり、居住問題を引き起こしてきた社会的要因について実証的な研究を展開してきた。

2　居住における多様な社会機能に注目すべきである

マルクスは人間の生活資料（消費資料）を、生存資料、享受資料、発展資料の三つに分けたことがある。住宅は、衣服、食品、交通手段などと同様に、人間の重要な生存資料である。生存資料であると同時に、住宅は享受資料であり、発展資料でもある。人類の生産力の向上と社会の進歩により、住宅の機能はますます多様化してきた。身を寄せ、休憩するための場所であると同時に、学習、娯楽、交流のための重要な基地となり、生産、研究、創造などの活動の補助的な場所となり、さらに、伝統と民族文化を伝承し、広めるためのものとなる。住宅の機能は、自然の風雨や災害から身を守るという物的機能のほか、多様な社会的機能がもたらされてきた。

安全を守ることは住宅の最も基本的な機能である。今日の住宅において、例えば火事、盗難、台風などを防ぐことはこれに属する。地震多発地帯においては地震対策を、河川湖沼や海の沿岸地域においては洪水対策を、工場付近の地域においては汚染と騒音などの対策をしなければならない。これらの問題を無視すれば、住宅は基本的な機能を満たし得ない。

日常の生活需要を満たし、家庭生活を支えることは住宅に必要不可欠な機能である。適切な日照と通風の確保、寒さと暑さの対策などは健康を維持するため必要である。空間を機能に応じて分け、住むことができる広さに保つことは、人間の生理的な生活を支え、道徳と情操を形成していくために不可欠な前提となる。

住宅は、人間の精神生活を満たし、存在価値を向上させる役割をもっている。人間には働きと休養睡眠のほかに、ある程度の余暇をもたなければならない。中国の北京、天津、杭州の三都市における勤労者の生活時間の調査（一九八二年）によると、一週間の中で、労働時間の割合は三つの都市それぞれ、二五・九％、二五・七％、二七・五％であり、余暇の時間は一四・六％、一四・三％、一四・一％であった。科学技術の進歩や生産効率の向上などにより、余暇の時間が徐々に増えることが考えられ、そこで、余暇の利用の仕方も、精神生活を多く求め、自己実現のために時間を費やすことが予想される。

エンゲルスは『住宅問題』において未来社会をこのように展望している。「すなわち、万人の間に合理的な分業が行われさえすれば、社会の全員がたっぷり消費した上、豊富な予備フォンドを形成するのに十分なほどの物資をつくり出すことができるだけではなく、歴史的な文化遺産――科学、芸術、社交形態等々――のうちで真に保存する値うちのあるものが、単に保存されるにとどまらないで、それが支配階級の独占物から全社会の共有財産に変えられて、さらに発展させられるように、各個人に十分な余暇を与えることができるという可能性である」（訳文参考：

大内兵衛・細川嘉六監訳『マルクス＝エンゲルス全集』第一八巻「住宅問題」大月書房、一九六八年)。これはつまり、科学技術の進歩と生産性の向上によって、労働者はより多くの余暇が得、精神生活や自我の実現を求める要望も増えるということである。エンゲルスの予言は中国の近年の生活変化においても反映されているように思える。

住宅に対してさらに様々な特殊の機能が求められる。例えば大学教授、研究者、作家の場合は書斎を、書道家、画家、芸術家の場合はアトリエを、政治家、企業家の場合は接待室を必要とする。家族単位での生産や個人経営の場合はまた、生産のための特殊の部屋を必要とする。というように、居住者の職業が様々であるため、様々な内容やレベルの異なる居住条件を求めることがある。特殊の居住空間を求めるケースは、住宅全体において、大きな比重ではなくても、住宅社会学の観点から考えると無視できないことである。年齢や家族構成、体の状況などの違いによっても、様々な特殊な機能を求めることがある。

伝統と民族文化の伝承と伝播は、住宅にある重要な社会的機能である。住宅は人間の知恵と技術を高度に凝縮し、時代の文化、経済、科学の水準を示し、地域社会や家族における諸関係、宗教や制度や政治などを反映する。民族の文化、伝統、習俗などの特徴は、住宅の様式に反映されることが多くある。

その他、住宅には繁殖機能があることも無視できない。

概して、人間の生活内容は歴史を通して進化し豊かになってきた。そこで、現代社会における居住は、基本的な「住む」機能のみならず、広い社会的な役割から考えることが重要である、ということである。

3　居住空間に求められる多元性の中に「居住福祉」を見出すべし

(1)　他者を受け入れ、集団に帰属する意識

ある地域や社会集団の中で、他者を受け入れ、また社会集団に対する帰属を自覚することを意味する。そこで、高齢者、身体障害者、少数民族なども普通に受け入れること、外からの干渉を防ぐために集団が一致団結すること、互いに助け合う意識が高いことなどが含まれる。居住空間は調和のある社会を可能にしなければならない。

(2)　コミュニケーション

できる限り交流の機会と場所を多く提供することが大切である。これは適切な空間距離、人口

密度、都市形態、社会構造を求めることを意味する。

(3) 適切な生活領域

円滑な交通システムが重要である上、生活空間、社会環境、労働市場、文化施設なども充実しなければならない。

(4) 包容性

これは古来、特に都市がもつ特性であると考える。他人や他の社会がもっている基準、倫理、価値観などを認め、それを包容することである。互いに包容することで、相対的に密度の高い都市社会においても共同生活が可能となるからである。人が相互に出会い、理解し合い、交流し合うことのできる空間は不可欠である。

(5) 親自然性

都市における高層建築の林立が、人間を水平方向においても縦方向においても自然から遠ざけている。もしそこで緑地、河川、花や小動物などがなかったら、自然からの隔離感が一層強まる。

したがって、都市において、建築の間隔を広く取り、できるだけ空地、緑、新鮮な空気などを取り入れなければならない。

(6) 居住性

都市には適切な公共衛生施設が必要である。また、空気と騒音などの汚染を有効に抑えなければならない。

(7) プライバシー

人間は自分のプライバシーが守られてこそ、プライベートな行為ができ、リラックスができる。今日、都市の高密度化はますますプライバシーの侵害をもたらすようになっている。多くの住宅地は、様々な人間が玄関前までの「侵入」を許すように計画し、住民に潜在的に不安と精神的なストレスをもたらしている。したがって、プライバシーに対する保護は都市居住において切実な課題となっている。

4　「五大系統」の理論からみる「居住福祉学」

「居住福祉」の理論を探求し、「居住福祉学」の構築を目指すために、どのようにアプローチが必要であろうか。ここで、ドクシアディス(C. A. Doxiadis)の「人間定住社会理論」を参考にして、「居住」を構成する要素を五大系統に区分し、体系的な観点から「居住福祉」の構築を考えてみたい。「五大系統」とは、「自然系」、「人間系」、「社会系」、「居住系」、「基盤系」の五つのシステムを指す（訳者注：ドクシアディスが提起した人間定住社会の要素は「人間」、「社会」、「機能」、「自然」、「殻」の五つである。なお、著者名表記はドキシアディスが一般的だが、本書では磯村英一訳書に準じ、ドクシアディスに統一した。参考資料、C・A・ドクシアディス著、磯村英一訳『新しい都市の未来像＝エキスティックス』鹿島研究所出版会、一九六五年）。

1　自然系

「自然系」では大気、水、生物、地理、地形、環境分析、資源・エネルギー、土地利用などの理論を研究する。自然環境と生態環境は人間定住社会が成り立つための基礎であり、命を支え、身の安全を守るための場所である。自然、特に再生不可能な地球資源は掛け替えのない性格をもっている。

ルイス・マンフォードは、一般の緑地や休閑地は都市にとって重要である上、荒野も人間の生活にとって重要不可欠であると考えていた。「一九世紀になってから、アメリカは徐々に荒野も地域の重要な構成である事を認識し始めた。一八七二年にできたイエローストーン国立公園のように、連邦政府は美しい自然景観のある区域を自然保護区とした。これは地域文化を発展させるための大きな出来事であり、原始的な荒野地は文明生活の象徴であることを初めて認めたものである。自然環境をただ単に経済開発のために利用してはならない」と述べたことがある。風景は、社会文化資源（The landscape is a cultural resource）でありながら、生態資源でもある。われわれはある特定の風景名勝やユニークな地形に魅せられることにとどまらず、大地の隅々まで気を配り、すべてを大事にしなければならない。緑地は遊びや観賞という目的だけではなく、もっと重要なことは、破壊され、失われつつある緑の地球を保護し、自然と生態環境を守ることである。

「居住福祉」を研究するにあたり、「自然系」に目を配り、自然のメカニズムや原理を研究し、居住福祉学の理論に取り組むことが重要である。例えば、地域環境と都市生態系の計画、土地資源の保護と利用、土地利用の変遷と居住福祉との関係、生物多様性の保護と開発、自然環境の保全と居住地の建設、水資源の利用と都市の持続可能な発展などが挙げられる。

(2) 人間系

「人間系」では人間を対象に、その物質への要求や生理・心理・行為などのメカニズムや原理などについて研究する。人間学的心理学を提唱したアブラハム・マズロー(A. Maslow)は人間の「欲求」についての五段階説で有名である。地球における生命有機体の発達の最高形式であり、労働を通して完成した社会的な高級動物であり、生活歴史の主体である人間には、いろいろな基本的欲求がある。「生理的欲求」は、食べ物、水、酸素、睡眠に対してである。「安全の欲求」は、生理面と心理面の安全を求めることである。「帰属と愛の欲求」は、集団に受け入れられ、愛が感じられることを求める。「尊重の欲求」は自尊と他人に尊重されることへの願望である。「自己実現への欲求」は、自己の発展と形成、潜在力の発揮などを求めることである。生理的な欲求から心理的な欲求まで，その進化の過程は断続的なものではなく、連続で波状式のように発展するという。

社会の進歩により、人間の欲求はだんだんと高い次元へ発展していく。居住空間や居住環境に対しても同様に、質の高いものを要求するようになる。しかし、人口の急激な増加は問題を複雑化していく。今日の人口増加の問題（表1）は、環境と資源と社会とのバランスを崩す核心的な課題となっており、持続可能な発展に影響を与える最も切実な問題となっている。一九九九年

表１　世界人口増加のスピード

年	人口数	１０億人の増加に所要の年数
１８３０年	１０億	
１９３０年	２０億	１００年
１９６０年	３０億	３０年
１９７５年	４０億	１５年
１９８７年	５０億	１２年
１９９９年	６０億	１２年

一〇月一二日は「世界人口六〇億の日」と定められ、生育に対する「選択」は世界の未来を左右する重要課題と認識されている。国連の推測によると、二〇五〇年の世界人口は七九億から一一九億人で、その平均値は九八億になる。

二〇世紀八〇年代に「持続可能な発展」という概念が打ち出された後も、人口の増加は依然として速いスピードにある。人口と自然資源との間の均衡はますます問題となってくる。中国の状況をみると、一九九五年の一人あたりの耕地面積は約二・八二畝《ムー》（約〇・一九ヘクタール）であったが、現在は一畝《ムー》（約〇・〇七ヘクタール）未満と減少してきている。中国は世界の七％の耕地で世界の二二％の人口を養わなければならない、という現実に直面している。

(3) 社会系

「社会系」では主に、公共管理と法律、社会関係、人口、文化の特徴、社会の分化、経済発展、健康と福祉、制度と政策などを研究する。そこで、社会集団の相互の交流や、地域、階層、社会関係の異なる人間集団に内在するメカニズムや原理などについての研究が必要となる。

「居住福祉学」を論ずる場合、「社会系」はその学問体系の中核となる。社会の変化と発展は人間の行為に関係し、人間の行動は社会の諸方面に影響を与える。人間は物的な生活資料を生産するために生産関係をつくり、生産の社会形態を形成するが、その生産活動は自然を改造する側面がある。「居住福祉社会」を構築する場合は、ハード面の「建設」という伝統的な考え方にとらわれず、「福祉」の観点から居住環境を捉え、「空間」や「実体」という側面のほかに、人間の生活行為が妥当かどうか、公共政策とサービスが合理的かどうかなどについても研究しなければならない。「居住貧困」と「居住災難」をもたらす要因には、文化と体制が人間に制約と影響を与えているかどうかなどについても注目しなければならない。

人間の社会的属性は、彼らに異なる生活の需要をもたらす。人間は相互に仕事の分担と協力が必要である。そのため、様々な生活空間に関する合理的な構築が必要となる。地域構造と空間構造においては、「人間と人間」との関係が「居住福祉」を支える重要な社会的基礎となる。例えば、家族内、家族間、世代間、異なる社会階層の間、住民と外来者との間など、様々な関係がある。最終的には、社会的な調和と人間の幸福が存在しなければならない。したがって、都市の経済発展や、コミュニティの自治や、農村部の貧困からの脱出や、地域経済の均衡と調和や、持続可能な発展などなどのテーマは、すべて「居住福祉」の研究と関連してくる。

（4）居住系

「居住系」では主に住宅、コミュニティ施設、都市交通施設など、いわば人間の居住及びそれと関連する「物的環境」を研究する。それには文化的、芸術的な側面が含まれる。居住の問題は現代社会において、依然として重要課題となっている。住宅はただ単に実用的な商品だけではなく、文明の媒体とみなさなければならない。

都市は公共的な場所であると同時に、「生活場所」でもある。都市は市民が共同の生活と活動を行う空間であるため、そこにおいて、共同の空間（公共空間）をはじめ、また様々なサービス施設や交流空間をいかに設けるかは、「居住福祉」を研究する場合の重要な課題となってくる。

一九七六年、「国連人間居住会議（バンクーバー）」の報告書は、適切な住居と公共施設を基本的な「人権」と位置づけ、自助努力とコミュニティ計画を通して、社会の貧困層を助け、すべての人に住居を与えることを政府の責務とした。

一九九六年から二〇〇〇年の「中国人類住区発展報告書（草案）」には、中国の住宅建設の状況について次のような報告があった。一九九五年から一九九九年まで（四年間）、都市部で建設された住宅は総面積約二二・一億平方メートル、戸数約三、〇〇〇万戸であった。この数字は一九四九年から一九九五年まで（約四六年間）の建設量の五六％にあたる。年で平均すると、毎年約四・四億平方メートル、六〇〇万戸となる。農村部では、この四年間で建設された住宅の総面積は二六・九億平方メートルで、平均毎年五・四億平方メートルとなる。毎年の平均住宅建設量は「九六年度国家報告」で定められた目標よりも高く、都市部は八〇％を越え、農村は一〇％を越えた。住宅建設のスピーディな成長は、国家の経済発展を促進している。都市住宅建設の投資額が国内総生産に占める割合は、一九九六年度の四・九％から一九九九年度の六・一％へ伸び、いずれも「九六年度国家報告」で定められた四％の目標を越えていた、という。

（5） 基盤系

「基盤系」は主に居住や地域を支えるシステムやネットワークを指す。公共サービス施設（上下水、エネルギーなど）、交通システム、電気通信システム、情報システムなどが重要な研究対象となる。基盤系は人間の生活や活動を支え、その集団や社会にサービスを提供する。また、都市や地域における人間と自然との連繫、技術的な保障、経済、法律、教育と公共管理などをサポー

表2　１９９７年アメリカのベスト居住の評価基準

(1)	犯罪率が低い	(社会系)
(2)	薬物犯罪の問題が少ない	(社会系)
(3)	公立学校が質が良い	(社会系)
(4)	医療水準が高い	(社会系)
(5)	環境が清潔である	(自然系)
(6)	生活物価が適切である	(居住系)
(7)	経済の成長に力がある	(社会系)
(8)	学校の課外活動が質が高い	(人間系)
(9)	大学が近くにある	(基盤系)
(10)	青少年の活動が活発である	(居住系)
(11)	都心部までの所要時間は1時間ほどである	(基盤系)
(12)	私立学校が多い	(社会系)
(13)	気候が暖かく晴天が多い	(自然系)

(参考文献：『リーダースダイジェスト』(英語版) １９９７年４月)

トする。基盤系に問題があると、他の諸系統は不利な影響を受けやすく、建築の開発や住宅設計、地域の発展計画などにも支障が出る。

都市と農村の発展は相互に関係するものであるため、都市の生活環境を改善する一方、農村部における基盤建設、公共サービス、就業機会などを強化し、吸引力を向上させることも重要である。農村部において、統一した居住地域を計画し、農村人口の都市への流動を減らすことが必要である。中小都市に対しての関心はなければならない。この点については、国連ハビタットⅡの「イスタンブール宣言」(一九九六年)にも指摘があった。

アメリカは一九九七年に、ベスト居住の評価基準を設けて、三〇一の都市や地域を対象に評価を行った。そこで、居住と子供の教育に適するものとしてベスト五〇の地域が選ばれた。評価基準の最初の一三項目をピックアップしてみると、いずれも先に述べた「五大系統」と重ね合わせられるものとなっている（表2）。

上述した「五大系統」の中で、「人間」と「自然」は基本的な部分で、「居住」と「基盤」は人間の手によって造られるものである。一方、「人間」と「人間」との関係については、法律、制度、倫理などによってこそ協調性が図られ、

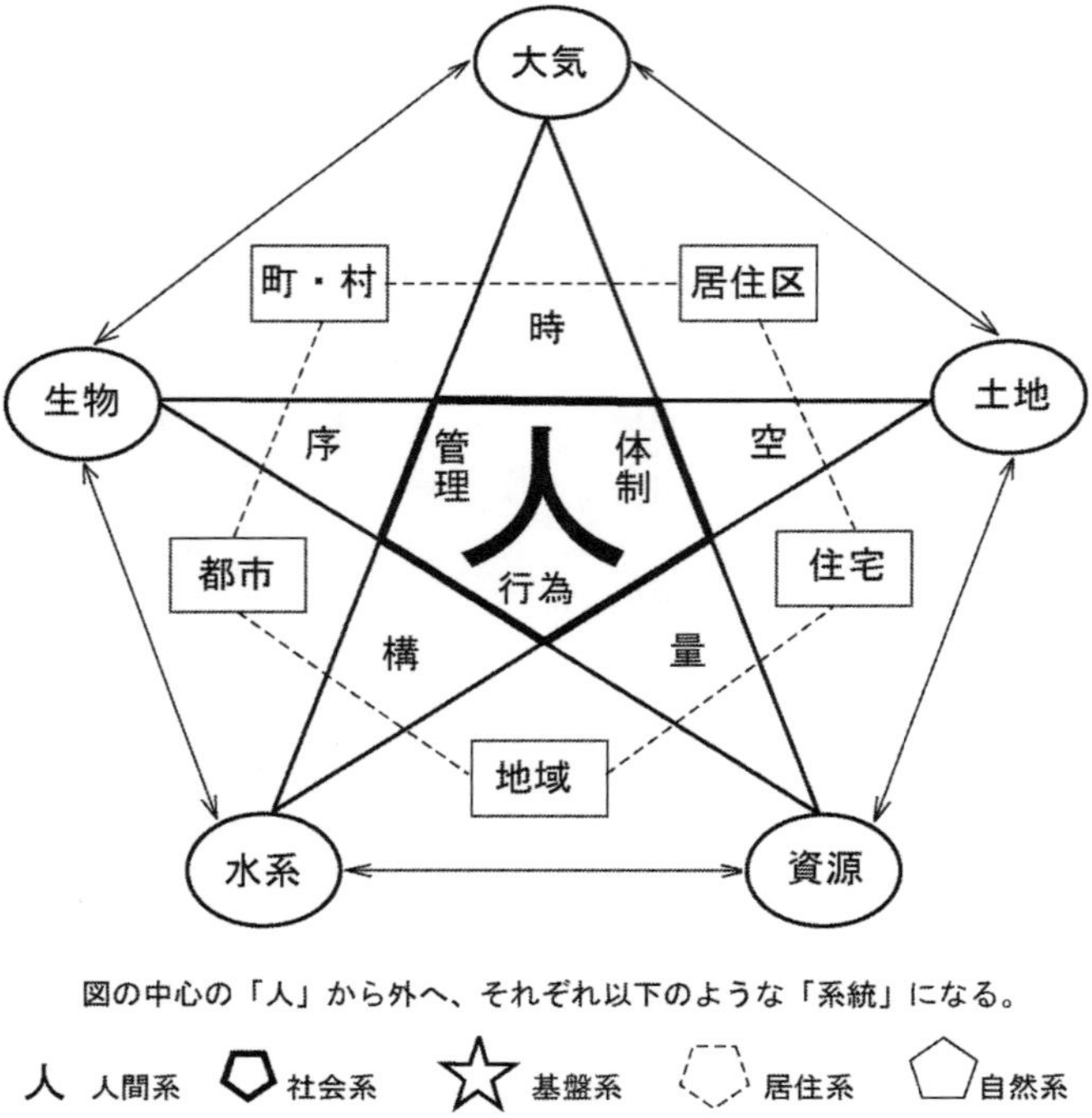

図の中心の「人」から外へ、それぞれ以下のような「系統」になる。

図1　自然、人類、社会、居住、基盤の五大系統の関係

「人間」と「自然」との関係については、調和と共存が重要となる。人間は自然と共存し、保護しながら利用し、持続可能な発展を図ることが不可欠である。

指摘すべきことは、ここで研究の手がかりとしての「五大系統」は、相互の連携が重要である。例えばルイス・マンフォードは生態学の観点から、人間を自然界の一部とみなし、生物の全体性と相互関係を強調している。「居住福祉」を構築する場合も同様である。部分部分の存在に目を配るだけではなく、相互の連携を図り、系統的な理論構築を目指すことが重要である（図1）。

三、「居住福祉学」の理論的な枠組み

1　「居住福祉学」の定義

「居住福祉学」は、「居住福祉」を研究対象とし、人間の行為と居住福祉との関係を研究し、不適切な行為は居住の災難をもたらすことを解明するためにある。二一世紀においては、「持続可能な地球環境」、「高齢化社会における健康と福祉」、「子供の発達と教育」などは重要課題となっている。さらに、人間の居住行為と環境との関係、社会保障制度、公共政策、社会参加、関心などについて研究が求められる。「居住福祉学」は、人口、環境と人間居住の持続可能な発展を目的とした多分野融合の新しい学科である。

「居住福祉学」は住居と人間の行為や生活様式との間における相互関係や相互の影響、また、人間と諸レベルの空間に対する社会的需要や建設行為との関係などについて研究し、人間の行為と居住福祉との関係の解明を通して、居住福祉文明のある社会を目指す。

2 「居住福祉学」を研究するための要点と基本的な枠組み

(1) 「居住福祉学」の研究は、従来の「住居学」のように、人間の生活行為や居住環境という領域に限られるものではない。居住福祉学は「居住福祉」という概念を中心に据え、健康、生態、幸福、平和、安全、土地制度、福祉制度などを含めた「健康福祉資本」を研究するものである。

(2) 「五大系統」(自然、人、社会、居住、基盤)についての研究は重要な手がかりとなる。具体的な状況に応じて様々な研究のポイントがあると考えられるが、人間の行為が「居住福祉」に与える影響や制約などは重要なポイントとして解明すべきである。それらを基礎に、理念の転換、制度の改革、技術の革新などを含め、居住福祉社会を構築するための方策を探る。

(3)「居住福祉」を求める目標は時代に限られず共通である。と同時に、時代によって、具体的な要求と目標がある。また、国や地域によって、それぞれ求められている内容や中身が異なる。居住福祉を推進するに際して、以下の五つの基本的な原則は、極めて重要であると考える。筆者は「五大原則」と名付ける。

原則一　人間と自然との「共存」、人間同士の相互の「共存」の原則。地球規模の環境破壊や地域の紛争が深刻化する中、この原則を守らなければ「居住福祉」は望めない。

原則二　「居住福祉」は共同の利益をもたらす。したがって、「居住福祉」の構築を巡り、「共同建設」の原則は必要である。

原則三　「生存権」と「発展権」は平等にあるという理念のもとで、誰にでも「居住福祉」を享受できる「共有」の原則は不可欠である。特に、社会的弱者、土地を失った農民、貧困の国と地域、戦争や自然災害に遭った難民などにも、「居住福祉」を享受する同様の権利がある、ということは強調すべき点である。

原則四　「居住福祉」と「経済発展」とは良き関係になければならない。両者は相互の発展を助長する「相乗」の原則は欠かせないものである。

原則五　「居住福祉」の推進にあたり、実践と教育の両者をともに重視する原則は重要である。教育にあたり、環境の視点、健康の視点、環境と健康との関係などについても、大いに取り入れるべきである。

(4)　上述した「五大系統」と「五大原則」は、いろいろな段階があり、形のあるものとないものが含まれる。また、具体的なケースにおいて、具体的な解決の方法が求められる。したがって、実際問題について、目標を明確にし、フィールド調査や実証的研究を積み重ねることが重要となってくる。それを通して、具体的な解決策や建設的な提案などを引き出すことが必要となる。

図1は上記の要点と諸関係をまとめて示したものである。なお、具体的な問題は複雑であるため、具体的な事情に応じて研究の内容と枠組みを決め、適当な修正と継続的な研究が重要である、と考える。

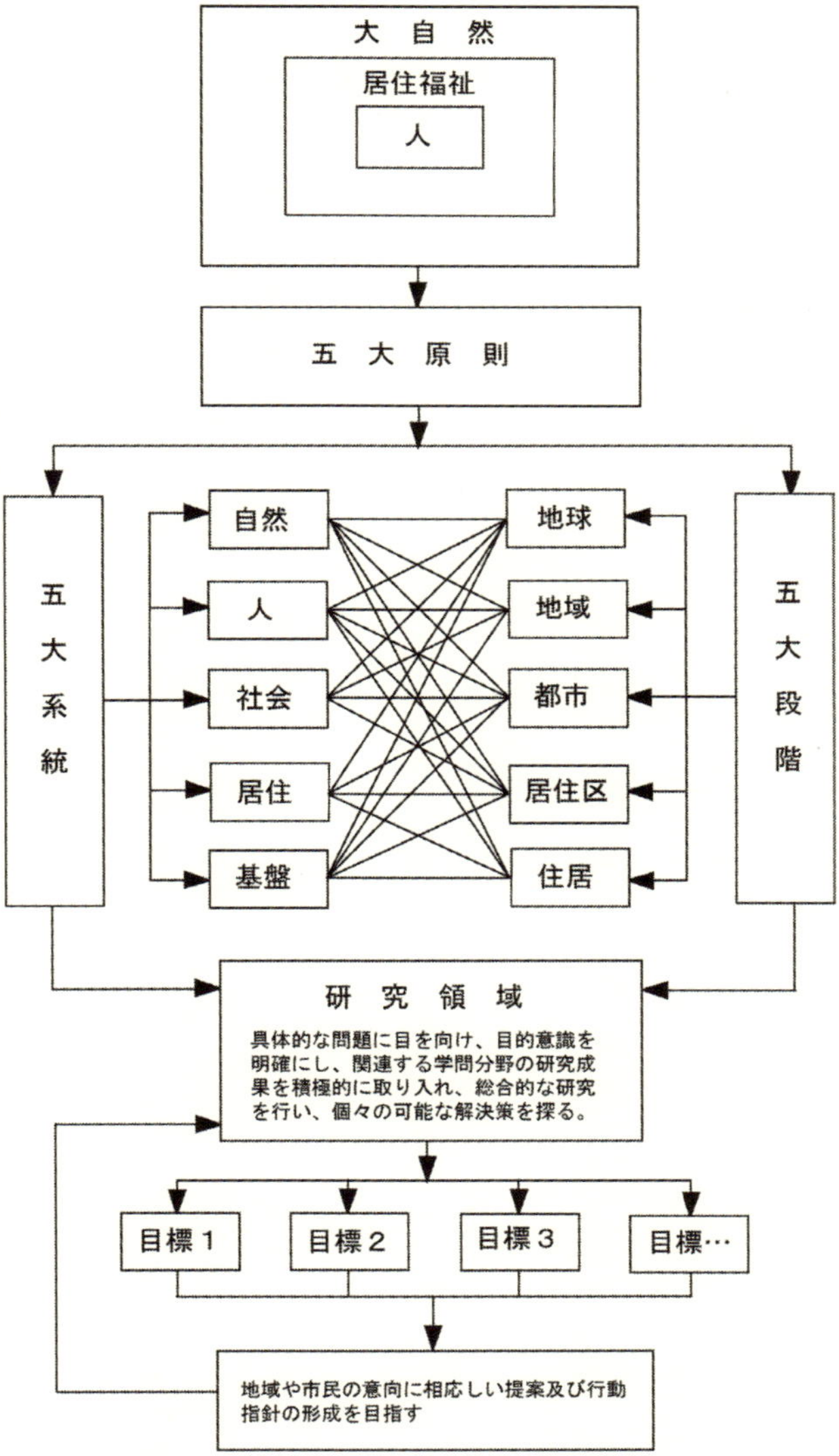
大自然
居住福祉
人
五大原則
五大系統
自然
人
社会
居住
基盤
地球
地域
都市
居住区
住居
五大段階
研究領域
具体的な問題に目を向け、目的意識を明確にし、関連する学問分野の研究成果を積極的に取り入れ、総合的な研究を行い、個々の可能な解決策を探る。
目標１
目標２
目標３
目標…
地域や市民の意向に相応しい提案及び行動指針の形成を目指す

図１　「居住福祉学」の基本的な枠組み

3　体系としての「居住福祉学科」を目指して

「居住福祉学」という学科は、他の学科との交差と融合によって形成される総合的な領域であることについて、先の定義でも述べた。**図2**はそれを具体的に示している。そこで、以下の各論が重要となり、それぞれをさらに構築すべきであると考える。

①居住福祉人権論（関連する法律や規範の構築）
②居住福祉文明論（居住福祉文化、道徳と行為の規範など）
③居住福祉開発論（持続可能な発展、コミュニティの福祉力、高齢者福祉などを視野にした居住福祉社会の開発論）
④居住福祉建築論（生態・健康住宅、高齢者住宅、災害に強いまちづくり、移民居住区、子供のための建築など、いわば「居住福祉」に関連する施設の設計、評価の理論）
⑤居住福祉学の方法論（例えば人類学に応用されるような「フィールドワーク」の方法を参考に、文献調査法、実地考察と測量、ヒアリングなどを含めて、独自の方法論を確立すべきである。）
⑥居住福祉学と教育論
⑦その他の関連する理論

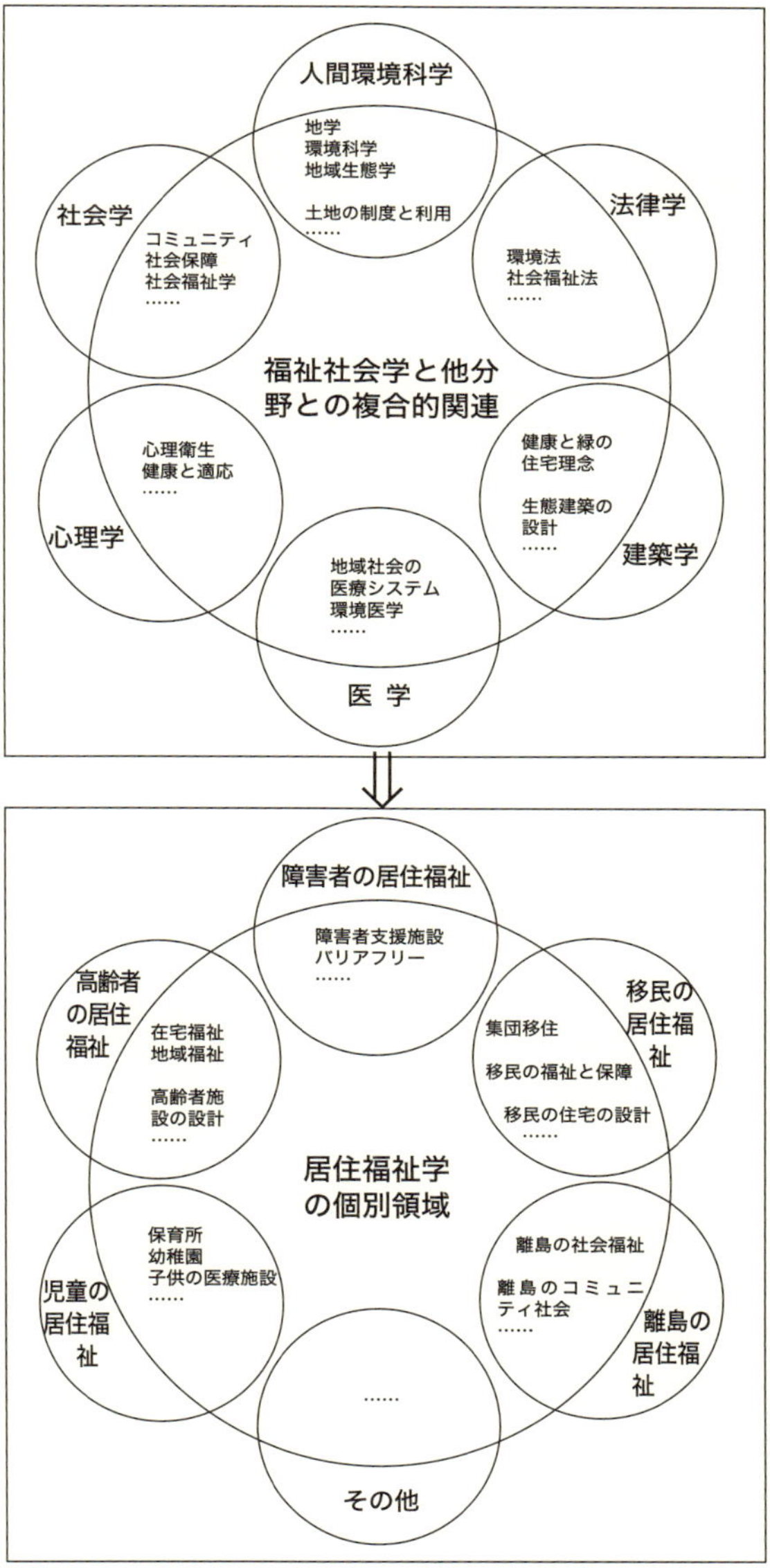

図２　「居住福祉学」は多分野の融合による

主要参考文献

1　中国国務院『中国二一世紀人口、環境与発展白皮書』中国環境科学出版社、一九九四年
2　Lewis Munford, *The City of History*, 中国版『都市発展史』中国建築工業出版社、一九八九年
3　呉良鏞著『人居環境科学導論』中国建築工業出版社、二〇〇一年
4　早川和男著、李桓訳『居住福利論』中国建築工業出版社、二〇〇五年

訳者のあとがき

本書はどのような背景において書かれ、何を目指そうとしているのか。それについて、訳者が把握してきた情報をいくつか加え、本書を読解するための補足材料としたい。

本書を書くことに至った経緯

「前書き」ですでに言及されたことだが、第一著者である柳教授は本書を著すきっかけは、日本居住福祉学会会長で、現在日本福祉大学客員教授である早川和男先生との出会いにあった。早川教授が提唱してきた「居住福祉」概念の有意義性と重要性、その概念を巡る学問の体系の必要性を共感し、中国の立場から発信したのである。

時間を遡れば、両教授の最初の出会いは二〇〇一年九月であった。当時、早川教授が科学研究「離島における居住福祉の成立条件に関する研究」の海外調査のために大連訪問となり、その訪問を受け入れ、調査地を紹介し、調査活動に同行してくれたのは柳教授であった。柳教授の厚い人脈のおかげで、政府機関や関連部門に様々な許可と協力が得られ、短期間で実りの大きい調査結果がもたらされた。そもそも大連理工大学の教授である柳先生にめぐり合えたのは、早川教授の教え子で、長崎総合科学大学大学院に在籍していた大連出身の留学生が、その大連市の福祉施設をフィールドとした修士論文を研究していたときに、他人の紹介で知り合ったことは最初のきっかけであった。偶然の成り行きのようだが、大連の都市や農村、その社会を研究することに際し、その分野の権威である柳教授に出会うことは必然的で、幸いな結果である、と訳者は考える。

柳教授はご自分が長年調査研究をしてきた大連市金州区のマーイー島（写真1、2、中国語は「螞蟻島」と表記）という、日本の調査チームにとって大変相応しい対象を紹介してくれた。当時、マーイー島は村の共同出資で、大陸側に「マーイー島新村」（写真3）という新しい居住地の建設を進めていた。冬季の三カ月間をそこに移って暮らすことを通して、海が凍結するという厳しい自然条件を乗り越え、生活ならびに医療、教育などの福祉の改善を図ったのである。まさしく、コミュニティの力で「居住」の改善を通して島の福祉の向上を図った先進事例で、研究目的にとって最善の事例といえるものであった。マーイー島の事例は科学研究報告書をはじめ、国際会議、国内の学会誌、大学研究紀要などにて発表された。代表的なものをご参考までに以下に挙げておく。

①「離島における居住福祉の成立条件にかんする研究」（研究代表者：早川和男、研究分担者：伴丈正志、李桓、白砂剛二、松尾有平）、平成一二〜一三年度科学研究費補助金基盤研究（B）(2)研究成果報告書。

②「季節集団移住とコミュニティの役割——中国大連マーイー島の居住事例を通して」（著者：柳中権、早川和男、伴丈正志、李桓、艾麗晶、沈麗娟）、第三回日中韓居住問題国際会議（大連会場）論文集。

③「中国大連・マーイー島における季節集団移住——居住形態とコミュニティの役割」（著者：艾麗晶、伴丈正志、早川和男、李桓）、日本居住福祉学会誌『居住福祉研究』第二号（二〇〇四年五月）。

④「季節集団移住による新村の暮らしとその意義——中国大連市のマーイー島の事例」（著者：

写真１　海上から見るマーイー島

写真２　マーイー島の住宅

写真３　マーイー島新村

艾麗晶、伴丈正志、早川和男、李桓）、日本居住福祉学会誌『居住福祉研究』第二号（二〇〇四年五月）。

マーイー島に滞在していた数日間、七〇歳を越えた両先生は年齢を忘れ、若いメンバーと一緒に島を歩き回り、地形や空間構成を確認し、島民の生活を考察、ヒアリングした（写真４）。食事の時間を利用して、両先生はそれぞれの専門分野と国の文化を超え、様々な意見交換を通して交流を深めた。意外なことに、二人は共通の考え方が多く、「居住福祉」についての認識が非常に高いレベルで共有され、日中両国の異なった社会背景に共通の学術接点が生まれたのである。

写真４　マーイー島での調査の様子
（左２番は柳中権教授、右端は早川和男教授）

なぜ柳教授が日本の学界で検討されている「居住福祉」の重要性に共感を覚えたのか。それを理解するために、これまでの教授の研究軌跡に少し触れた方がよいかと考える。

政治経済学科で社会学を専門とした柳教授は大学卒業後、約八年間大学で教鞭をとってから、一九五八年から一九七九年の約二一年間、大学を離れ、新聞記者や編集長の仕事をしておられた。考えてみれば、この二一年間は中国の国内において、「大躍進」や「文化大革命」などの社会事情が重なり、おおむね激動の時代で、「学問」の存在余地はなかった。記者の職を得た先生は中国の各地を遍歴し、都市や農村における様々な社会的現実を大量に考察した。ようやく「改革開放」の時代に入り、中国の大学に「社会学」という学科が再開されたことを機に、教授は一九七九年から再び大学に研究職を得た。大学に復帰した直後の一九八〇年頃、中国社会学の重鎮である費孝通教授が開いた「社会学講習班」に加わり、中国における「社会学」の再建に尽力した。長年の記者経験のおかげで、先生は常に社会の現場における具体的な生活を重視し、地域の生活における普通の人々がもつ潜在力や地域自体がもつ福祉力を大切にし、フィールドに立脚して様々な理論を構築してきた。そのため、早川教授がリードしてきた日本の調査チームに対しても非常に献身的で、現場において様々な認識と発見を共有した。この現場は言語や抽象の概念を超えて、様々な共通認識と理解を可能にしてくれた。

柳教授の研究領域は、例えば「都市社会学」、「地域経済社会発展戦略」、「コミュニティと住民自治」、「女性・婚姻・家族」などが代表的なものとして挙げられる。これまでのいくつかの研究テーマを具体的にみていくと、例えば「大連市の未来都市形態の研究」、「遼寧省の都市化と中小都市の発展の研究」、「都市におけるコミュニティの建設に関する研究」、「二一世紀の都市モデル―学習型都市の研究」などがあり、都市や人間居住のあり方と本質が中心的な課題となっている。訳者が柳教授と様々な交流から気付いたのは、その理論の根底には常に「人情」や「人間愛」という社会的な目標が横たわっていることである。その「人情」や「人間愛」のある地域社会の発想は、早川教授が注目する地域社会の近所付き合いや支え合いなどのいわゆる「居住福祉資源」の考え方と合致したのである。

柳教授は「居住福祉」概念の有意義性、中国で紹介する必要性に気付き、早川教授から「日中韓居住問題国際会議」を大連で開催したいと相談を持ち込まれたとき、それを快諾し、翌年二〇〇二年九月に開催の運びとなった。この大連会議において、柳教授は、学問の一体系として、つまり「居住福祉学」を構想するとき、どのような内容が含まれるべきか、具体的にいうと、例えば大学の一学科とする場合、どのような関連科目が考えられるのか、という設問を提起した。その設問は、日本においてその概念を巡る学問的な体系化はどれくらい進んできたか、教育にどの程度反映されたか、ということに関心をもたれていたことを物語る。この国際会議の日本側の主催者は日本居住福祉学会であり、研究発表も「居住福祉」を巡るものが主だった。しかし、個々の事例発表から、必ずしもその理論体系がはっきりと把握できるものではなかった。社会背景が異なる柳教授は概念や個々の研究事例にとどまらず、日本における学問の体系に関心があった。柳教授の設問に対して、限られた会議時間の中で、早川教授から一定の回答があった。しかし、柳教授が提起したような教育内容を含めた学問「体系化」に関して、日本においてはむしろ一定の課題が残されていることが確認された。結局、この問題について、別の機会に再検討し、深化させることとなった。

その後、柳教授が提起した「居住福祉学」の体系化の問題は、日本福祉大学二一世紀ＣＯＥプログラムに組み込まれ、日中共同の学術研究が可能となった。二〇〇四年三月、野口定久教授がリードする日本研究チームが大連を訪問し、先の国際会議で提起された「体系化」課題を柳教授と再検討した。そこで、柳教授から出された交流資料は、本書の基礎的な内容であった。同年七月に、柳先生は日本福祉大学ＣＯＥに招聘されたことを機に、本書の主な内容について同大学で講演された。

本書の第二著者である張秀萍女史は大連理工大学の副教授であり、柳教授の門下生として博士課程の研究に励んでいるところである。日本研究チームの二〇〇四年の大連訪問の時にすでに柳教授の中国研究チームの主要メンバーとなられていた。同年七月に柳教授と一緒に来日し、日本との学術交流を精力的に進められてきた。

上述の軌跡やきっかけを辿ってみると、本書はまさしく日中学術交流の一つの結晶だといえる。柳先生は日本の学者と出会い、日本で先行されている学術概念の有意義性を認め、その学問の体系化の必要性を訴え、中国の立場から理論化を試みたのである。

本書が目指してきた体系的な「居住福祉学」とは

いわゆる「居住福祉」は、どのような理論をベースにしてその論理を支えるのか、それが「居住福祉学」として展開されうるのか、と柳教授はいろいろな交流の機会において発問された。「居住福祉」の観点でもって、高齢者の問題を見つめたり、離島の問題を検証したり、社会的弱者に対する居住差別の問題を批判したりすることは素晴らしいことである。しかし、しっかりした「居住福祉学」の体系をもたないと、様々な分野の研究者から挙げられた個々別々の事例や問題は結局、どのような「地平」において関連し合うのか、相互にどのような立体的な位相を示すのかがわからなくなる。「体系」にしないと、教育を通して広げることもできない。新たな社会問題に対して理論体系でもって効果的に対処と解決を図ることもできない、というである。

訳者が柳教授との様々な交流の機会を通して、少なくとも二段階にわたることが求められたことに気付いた。一つは、「居住福祉」の概念に至るまでの理論付けの再強化である。日本においてはすでにいくつかの出版物が出され、成果がみられた。しかし、柳教授はさらに人類的に、特に人類居住の歴史からの位置付け、及び今日の人類社会が抱える普遍的な課題、特に地球規模の人口増加や高齢化に伴う居住の問題、戦争と貧困がもたらす難民の問題、人類社会の持続可能な発展の問題などにおけるその位置付けを求めた。「居住福祉」の思想はこれらとどのような必然的な関係にあり、世界的な諸問題にどう応えようとしているのか、というところから、「居住福祉学」の必要性が導き出される。柳教授に求められたもう一つの段階とは、「居住福祉学」の枠組みを限定すること、つまり何を対象に、何を明らかにしようとするのか、ということを明確にした上、その目的を達成するための関連分野を構築することである。これによって、独自の理論体系を形成していく。上記の二段階を一本の木に例え

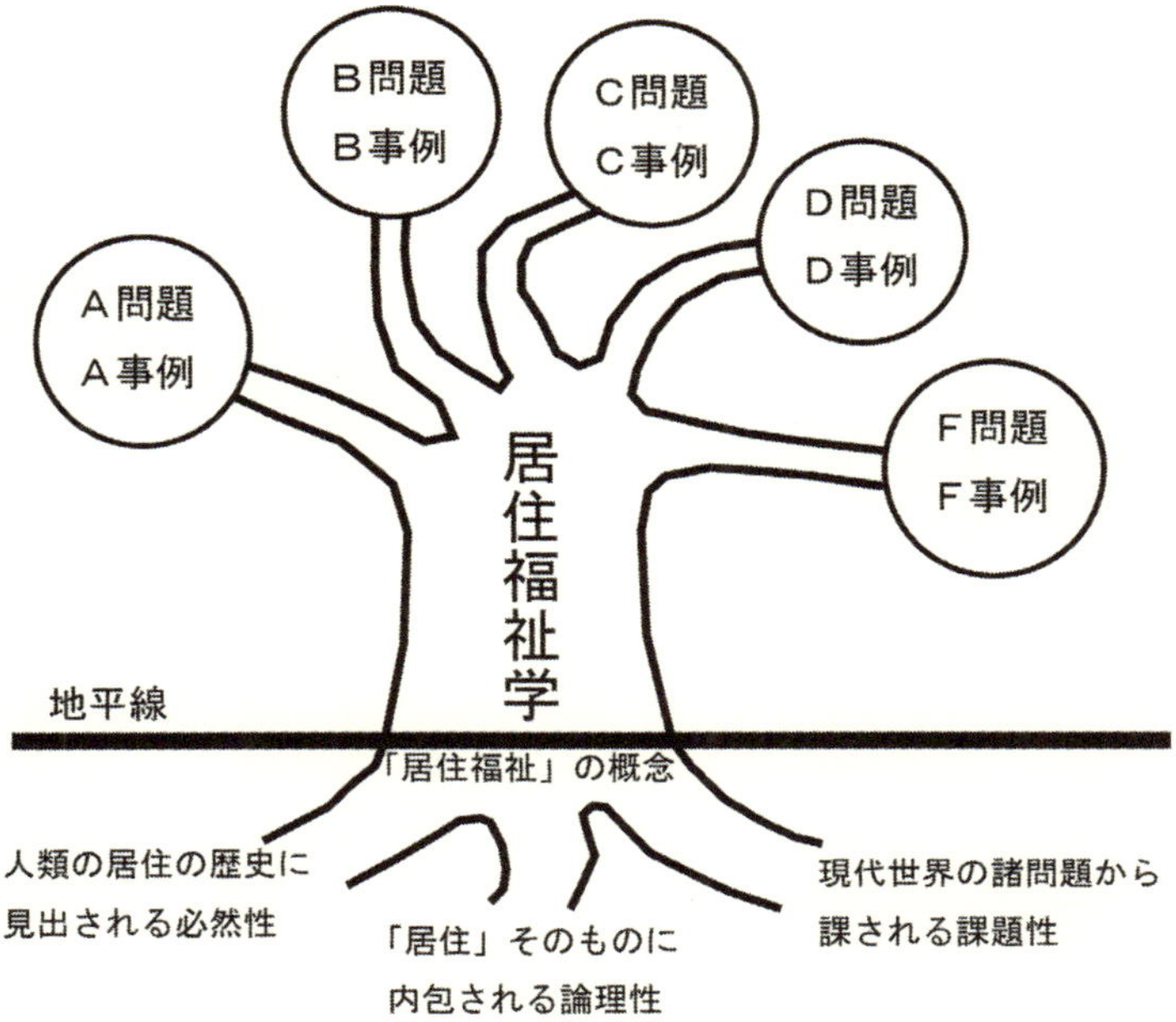

図１　「居住福祉学」を構成する諸段階
（訳者作成）

れば、前者は根っこの部分にあたり、後者は主幹の部分にあたる。個々の事例研究はその木から実られた果実になる（図1）。

本書の構成をみていくと、一章も二章もまさしく「居住福祉」概念の再確認ということになる。一章は、中国の原初の住居形態、及び近代以来「人間居住」を巡る世界的な思想や理論や国連憲章などを踏まえ、人類史的に「居住福祉」の必然性を再認識したものである。

二章は、住居を通して「居住」の本質を見出したものである。「住居」における物質的、経済的、社会的な諸側面（「三大属性」）及び多様な「社会的」機能が検討された。また、人間が住居に求める高次元の需要、例えば「帰属と認め合い」、「コミュニケーション」、「包容」、「親自然性」、「プライベートの確立」などが挙げられた。これらを指摘する目的は「居住」と「福祉」との本質的な関係を示したものにほかならないと考えられる。

「福祉」にとって極めて重要な「居住」を、理論的に展開し、現実的に構築していくためにどうすればよいのか。そこで、ギリシャの建築家であるドクシアディス(C. A. Doxiadis)が提案した「人間定住社会理論」が参考に値する理論として挙げられた。ただし、柳教授が日本福祉大学での講演で強調されたように、この理論はあくまでも参考にしうるものの一つで、唯一ではない。各社会に適した具体的な理論と方法を展開するとよいということである。このような理論的な「作業」

を通して、「居住福祉」の研究対象や関連する理論的な諸側面が徐々に明るみに晒され、「居住福祉学」へ進むための基礎的な論理付けが固められるのである。

三章は学問の体系として「居住福祉学」を構想したものである。そこで、まず重要となってくるのは、基本的な概念や研究対象、そして理論体系の諸構成部分、つまり研究領域の限定である。「居住福祉学」の中心課題として、「持続可能な発展」、「高齢化」、「子供の教育」などが挙げられた。また、「環境」、「人口」、「社会保障」、「公共政策」、「社会参加」、「人間の心」などが重要な関連分野と位置づけられ、「居住福祉学」は諸学の融合から生まれた新しい学科でありながら、独自の研究領域があることが明らかにされた（三―図3）。

既成の諸学問の融合による「居住福祉学」は、理論と実践の諸段階を含めて、「居住福祉人権論」、「居住福祉文明論」、「居住福祉開発論」、「居住福祉建築論」、「居住福祉方法論」、「居住福祉教育論」などの諸段階の理論によって、体系的に構成されていくという。

おわりに――中国における「居住福祉学」の可能性

おわりに際して、中国における「居住福祉学」の可能性について少し触れておきたい。

急速な経済成長を推し進めてきた中国は今、「居住」への関心は非常に高まっている。これは個人についてみると、住居を買うことは最大の買い物であり、生活改善の最大の目標である。国においてみると、国民の居住条件の改善は改革路線の成果を図る最重要な指標であるからである。それだけにとどまらず、前漢の時代から「安居楽業」の思想が形成されたように、「居住」に対する意識の高さは文化と歴史にも由来している。これらは住宅建設の原動力になっているに間違いない。

しかし現実には、開発と環境との間に多くのジレンマがある。このことは様々なレベルにおいて挙げられるが、「居住」の問題はその一つである。大量の住宅や団地が建設されたが、本当の「安心居住」が得られたかどうか、どれぐらい得られたかは未知数である。高齢者にとって優しい生活環境、子供の発達にとって良い居住環境が十分得られたか。低収入の人たちでもちゃんと住めているか。健全なコミュニティ社会が形成されたか。健康に害を与えず、病気を引き起こさない住環境になっているかどうか。医療、教育などの環境が整ったかどうか。散歩や運動できる環境が配慮されたか。災害に強いか。などなど。改革開放以来の二〇数年間、いわゆる「住宅商品化」の政策がとられ、それを巡る学術研究が多くみられたが、「居住福祉」の視点と理論的研究が大きな課題として残されているように思われる。

本書の著者たちはいち早く中国における現在の問題点を察知し、新しい研究視点の導入や新しい立場からの研究を始めた。本書はそのような新しい視点から発信された一つの成果である。

本書の最終章は、「体系としての『居住福祉学科』を目指して」でしめくくられている。著者たちの思いは、この書で理論展開された「居住福祉学」を大学の教育研究の中に組み込み、時代の要請に応える新たな学問として展開していこうとするもので、このことは広く人々の幸福と社会の発展に貢献しようとする学者としての使命感によるものにほかならない。柳教授は大連理工大学で「居住福祉学」という講座を始めようとする腹案を早くからもっておられ、開設時期を図っているところのようである。

おわりに際して、最新のトピックスを一つ付け加えたい。二〇〇七年九月から中国の社会政策研究の最重点校である南京大学で居住福祉学の講義が始まる。科目を開設した日本居住福祉学会理事の新家増美副教授は、恩師である早川和男教授の『居住福祉』（岩波書店）を教科書とし、居住福祉ブックレットシリーズを参考図書として使うという。南京大学や大連理工大学を大きな発信源として、今後、中国における「居住福祉学」の展開は期待できると考える。

本書を手にされた読者の皆さんが、この新しい学問の創造に参加していただけるならば、著者、訳者ともに最高の喜びである。

なお、原文にある著者作成の図や表はすべて日本語に作り替えた。翻訳版の文献から引用した図（中国語入り）は日本語の翻訳版や日本の書物を参考して取り替えた。写真は断わりのあるもの以外、すべて訳者が撮影したものである。

謝　辞

出版に際して、早川教授から多大なご配慮とお世話を頂いた。東信堂の二宮義隆氏に丁重な校正をしていただいた。併せて感謝の意を表したい。

「居住福祉ブックレット」刊行予定

☆既刊、以下続刊（刊行順不同、書名は仮題を含む）

☆ 1	居住福祉資源発見の旅	早川　和男（日本福祉大学客員教授）
☆ 2	どこへ行く住宅政策	本間　義人（法政大学教授）
☆ 3	漢字の語源にみる居住福祉の思想	李　　桓（長崎総合科学大学准教授）
☆ 4	日本の居住政策と障害をもつ人	大本　圭野（東京経済大学教授）
☆ 5	障害者・高齢者と麦の郷のこころ	伊藤静美・田中秀樹他（麦の郷）
☆ 6	地場工務店とともに	山本　里見（全国健康住宅サミット会長）
☆ 7	子どもの道くさ	水月　昭道（立命館大学研究員）
☆ 8	居住福祉法学の構想	吉田　邦彦（北海道大学教授）
☆ 9	奈良町《ならまち》の暮らしと福祉	黒田　睦子（(社)奈良まちづくりセンター副理事長）
☆10	精神科医がめざす近隣力再生	中澤　正夫（精神科医）
☆11	住むことは生きること	片山　善博（鳥取県知事）
☆12	最下流ホームレス村から日本を見れば	ありむら潜（釜ヶ崎のまち再生フォーラム）
☆13	世界の借家人運動	高島　一夫（日本借地借家人連合）
☆14	「居住福祉学」の理論的構築	柳中権・張秀萍（大連理工大学）
15	シックハウスへの挑戦	後藤三郎・迎田允武（県境住宅居住推進協会）
16	高齢社会の住まいづくり・まちづくり	蔵田　　力（地域にねざす設計舎）
17	ウトロで居住の権利を闘う	斎藤正樹＋ウトロ住民
18	沢内村の福祉活動ーこれまでとこれから	高橋　典成（ワークステーション湯田・沢内）
19	居住福祉の世界	早川和男対談集
20	居住の権利ー世界人権規約の視点から	熊野勝之（弁護士）
21	農山漁村の居住福祉資源	上村　　一（社会教育家・建築家）
22	スウェーデンのシックハウス対策	早川　潤一（中部学院大学准教授）
23	中山間地域と高齢者の住まい	金山　隆一（地域計画総合研究所長）
24	包括医療の時代ー役割と実践例	坂本　敦司（自治医科大学教授）他
25	健康と住居	入江　建久（新潟医療福祉大学教授）
26	地域から発信する居住福祉	野口　定久（日本福祉大学教授）

（ここに掲げたのは刊行予定の一部です）

著者紹介

柳　中権(りゅう　ちゅうけん)

1928年　中国遼寧省生まれ
1950年　中国東北大学社会科学院政治系卒
1982年　中国社会学学会第1回理事会理事
現　在　大連理工大学管理学院教授、兼中国都市発展研究会理事、大連市人民政府政策諮問委員
　都市化社会、市民社会、高齢化問題、NPOとNGOの役割などに研究しており、中国社会科学基金の重点研究プロジェクトを複数担当してきた。
著　書　『中国国情業書　海口巻』(共著、1992年)
　　　　『文明都市論』(共著、2002年)　など

張　秀萍(ちょう　しゅうへい)

1965年　中国内モンゴル生まれ
1986年　中国東北師範大学教育系卒
1989年　同大学大学院修了
現　在　大連理工大学副教授、『大連理工大学学報』(社会科学版)副編集長
　高等教育管理、少数民族教育、教育と地域社会、高齢者福祉などについて研究している。
著　書　『21世紀の教育改革文集』(編集)、『開放と変革中の高等教育』(共著)など

訳者紹介

李　桓(り　かん)

1962年　中国安徽省に生まれる。
1988年　来日。
1995年　神戸大学大学院自然科学研究科博士課程修了、博士(学術)。
現　在　長崎総合科学大学人間環境学部准教授兼大学院工学研究科准教授。居住、都市、風景、環境などを課題に取り組んでいる。
著　書　『人間環境学への招待』(共著、丸善株式会社、2002年)、『漢字の語源にみる居住福祉の思想』(単著、東信堂、2006年)
訳　書　『居住福利論』(中国建築工業出版社、2005年。原著：早川和男『居住福祉』岩波新書)

（居住福祉ブックレット 14）
「居住福祉学」の理論的構築

2007年 7月 25日　　初　版　第1刷発行　　　　（検印省略）

＊定価は裏表紙に表示してあります

訳者©李桓　装幀 桂川潤　発行者 下田勝司　　印刷・製本 中央精版印刷

東京都文京区向丘 1-20-6　郵便振替 00110-6-37828
〒113-0023　TEL（03）3818-5521㈹　FAX（03）3818-5514
発行所 株式会社 東信堂

E-mail:tk203444@fsinet.or.jp
Published by **TOHINDO PUBLISHING CO., LTD.**
1-20-6, Mukougaoka, Bunkyo-ku, Tokyo, 113-0023 Japan

http://www.toshindo-pub.com/
ISBN978-4-88713-774-5　C3336　

「居住福祉ブックレット」刊行に際して

安全で安心できる居住は、人間生存の基盤であり、健康や福祉や社会の基礎であり、基本的人権であるという趣旨の「居住福祉」に関わる様々のテーマと視点――理論、思想、実践、ノウハウ、その他から、レベルは高度に保ちながら、多面的、具体的にやさしく述べ、研究者、市民、学生、行政官、実務家等に供するものです。高校生や市民の学習活動にも使われることを期待しています。単なる専門知識の開陳や研究成果の発表や実践報告、紹介等でなく、それらを前提にしながら、上記趣旨に関して、今一番社会に向かって言わねばならないことを本ブックレットに凝集していく予定です。

2006年3月

日本居住福祉学会
株式会社　東信堂

日本居住福祉学会のご案内

〔趣　　旨〕

人はすべてこの地球上で生きています。安心できる「居住」は生存・生活・福祉の基礎であり、基本的人権です。私たちの住む住居、居住地、地域、都市、農山漁村、国土などの居住環境そのものが、人々の安全で安心して生き、暮らす基盤に他なりません。

本学会は、「健康・福祉・文化環境」として子孫に受け継がれていく「居住福祉社会」の実現に必要な諸条件を、研究者、専門家、市民、行政等がともに調査研究し、これに資することを目的とします。

〔活動方針〕

(1) 居住の現実から「住むこと」の意義を調査研究します。
(2) 社会における様々な居住をめぐる問題の実態や「居住の権利」「居住福祉」実現に努力する地域を現地に訪ね、住民との交流を通じて、人権、生活、福祉、健康、発達、文化、社会環境等としての居住の条件とそれを可能にする居住福祉政策、まちづくりの実践等について調査研究します。
(3) 国際的な居住福祉に関わる制度、政策、国民的取り組み等を調査研究し、連携します。
(4) 居住福祉にかかわる諸課題の解決に向け、調査研究の成果を行政改革や政策形成に反映させるように努めます。

学会事務局

〒466-8666　名古屋市昭和区八事本町101-2
中京大学　総合政策学部
岡本研究室気付
TEL　052-835-7652
FAX　052-835-7197
E-mail　yokamoto@mecl.chukyo-u.ac.jp